J.-P. LAURENS

à la Cigale,

PAR

JULES DE LAMARQUE

PARIS

E. DENTU, EDITEUR

OYAL, 17 ET 19, GALERIE D'ORLÉANS

—

1877

JEAN-PAUL LAURENS

A LA CIGALE

La réunion de Juin de La Cigale a été marquée par la présentation de M. Jean-Paul Laurens, l'auteur de la *Mort de Marceau,* qui vient d'obtenir la grande médaille d'honneur du Salon.

L'un des secrétaires, M. Eugène Beaudouin, ayant salué l'éminent artiste au nom des peintres, M. Jules de Lamarque, invité à dire quelques mots, au nom de ses compatriotes toulousains, a souhaité la bienvenue à M. Jean-Paul Laurens, dans une improvisation dont nous avons retenu les paroles suivantes :

MESSIEURS ET CHERS CONFRÈRES,

Lorsqu'on vous présente un enfant du Midi qui s'est fait dans les lettres, dans les arts ou dans toute autre branche de l'esprit humain, une place distinguée, vous l'accueillez avec une faveur marquée et vous lui prodiguez les témoignages de sympathie. La satisfaction que vous manifestez en cette circonstance, doit être, ce semble, plus vive encore chez ceux d'entre vous qui sont plus particulièrement, plus directement, pour ainsi dire, les compatriotes des nouveaux élus. Tel est le sentiment que j'ai éprouvé du moins lors de la réception du jeune et brillant auteur de *Jean Dacier* et de l'éminent sculpteur M. Falguière, l'un et l'autre, toulousains comme moi, tel est encore le sentiment qu'éveille dans mon esprit la présence de M. Jean Paul Laurens qui, s'il n'est pas tout à fait de Toulouse, appartient du moins par sa naissance au beau département dont cette ville est la capitale.

Qu'il me soit donc permis d'être fier de voir au milieu de nous trois hommes qui jettent déjà un si vif éclat sur mon pays natal. Qu'ils soient fiers d'avoir reçu le jour dans une région si favorisée du ciel, si féconde en glorieux souvenirs. Qui ne connaît le rôle qu'elle a joué dans notre histoire, qui ne sait les luttes mémorables dont elle a été le théâtre dans le cours des quatorze siècles qui constituent l'existence de notre grande et belle patrie. MM. Laurens, Falguière et Lomon ont dû dès leur enfance être bercés par ces traditions qui prédisposent aux études fortes et viriles et qui sont une source intarissable d'inspiration. Ils trouveraient dans leur propre pays des sujets dignes d'exercer leur talent ; l'air qu'on y respire est fait pour éveiller dans les cœurs bien placés l'amour de la gloire et des grandes choses. Aussi cette région a-t-elle produit des hommes illustres dans tous les genres, des poëtes, des légistes, des savants, des hommes d'Etat, des généraux et même des chanteurs qui font en ce moment les délices de Paris. C'est la patrie de Clémence Isaure, nom doux au cœur des félibres comme il l'était à celui de leurs ancêtres, les troubadours. Toulouse a vu naître aussi dans ses murs la belle Paule qui trouverait de nombreuses émules parmi les toulousaines de nos jours. On vante beaucoup et avec raison les femmes d'Arles dont le profit délicat rappelle l'origine grecque; mais la toulousaine avec son œil vif, sa voix sonore, son sourire enchanteur et sa démarche de gazelle, ne le cède en rien à ces exquises beautés. Je voudrais pouvoir vous citer de mémoire un portrait de la toulousaine que traça autrefois un de nos compatriotes prématurément enlevé aux lettres et qui manque à la Cigale, François Ducuing, membre de la dernière Assemblée nationale, le spirituel auteur des *Lettres d'Alceste*.

Vous verriez en quels termes enthousiastes il parlait de la toulousaine qui avait exercé sur lui une véritable fascination. Oui, cette belle région qui a gardé la moitié de mon cœur et vers laquelle m'emportent mes souvenirs est une terre féconde où l'intelligence s'épanouit à côté des richesses de son sol plantureux, et je ne m'étonne pas qu'elle ait dans cette enceinte trois représentants déjà illustres, dont l'un a débuté comme le Cid par un coup de maître. La présence au milieu de nous de MM. Lomon et Laurens n'a pas seulement une signification artistique et littéraire.

Examinez les œuvres qui ont appelé sur eux l'attention publique et vous verrez qu'elles contiennent une pensée patriotique, un éloquent plaidoyer en faveur de l'unité et de la grandeur de la France. On avait accusé le Midi de tendances particularistes qui semblaient menacer la patrie. Eh bien ! le Midi a fait à ces accusations, à ces appréhensions puériles une réponse digne de lui, digne d'un pays où les arts sont les interprètes naturels des grandes pensées. Il expose aux regards de la France *Jean Dacier* et la *Mort de Marceau*, deux conceptions puissantes où l'on sent passer ce souffle héroïque qui fit la force de nos pères quand ils combattaient au dedans et au dehors pour l'intégrité de notre territoire.

J'ai pensé, Messieurs et chers confrères, qu'il convenait à un toulousain de souhaiter la bienvenue à MM. Laurens et Lomon et de les remercier d'avoir mis sous les yeux de leurs contemporains, destinés peut-être un jour à accomplir de grands devoirs, deux œuvres magistrales où ils trouveront des modèles de civisme et d'abnégation patriotique.

www.ingramcontent.com/pod-product-compliance
Lightning Source LLC
Chambersburg PA
CBHW061621040426
42450CB00010B/2605